SRI AUROBINDO
DIE MUTTER

BOTSCHAFTEN UND VERWIRKLICHUNGEN

einblicke in ihr kosmisches werk

Druck: Sri Aurobindo Aschram Druckerei
Herausgabe und Übersetzung: Peter Steiger
Pondischeri Indien

SRI AUROBINDO: AUS „SAWITRI"

Zu häupten steht sie von werden, müh und geschick,
die zyklen kreisen langsam auf ihr gebot,
nur sie kann ändern den drachengrund der Zeit.
Das in Nacht verborgne mysterium ist das ihre;
ihr eignet des spirts alchemische energie;
die goldne brücke, das wundervolle feuer,
das leuchtende herz des Unbekannten ist sie,
schweigensgewalt inmitten der tiefen Gottes;
sie ist die Kraft, das unausweichliche Wort,
magnet über unserm schwierigen höhenstieg,
die Sonne, an der wir all unsre sonnen zünden,
das Licht, das sich aus dem unverwirklichten neigt,
die Lust, die aus dem unmöglichen zu sich winkt,
die Macht all des, was nie noch hernieder kam.
Die ganze Natur ruft stumm nach ihr allein,
daß ihre hände heilen die lebensqual,
von dunkler menschenseele die siegel lösen,
feuer entfachen im engen herzen der dinge.
Alles hier wird einst ihrer süße heimat,
durch gegensätze wächst ihre harmonie,
ihr klimmt unser wissen, tappt unsre sehnsucht zu,
im zauber ihrer verzückung werden wir wohnen,
von ihr umfangen wird schmerz zu ekstase werden.
Ein selbst mit allen wird unseres sein durch sie.
In ihr gefestigt, weil umgewandelt in ihr,
wird unser leben finden als seine antwort
oben die grenzenlosen verschwiegnen freuden,
unten das wunder selger umarmung Gottes.[1]

DIE MUTTER: PROGRAMM AUS DEM JAHRE 1912

Die ankunft einer fortschreitenden universalen harmonie ist das allgemeine ziel vor uns.

Das mittel dahin, soweit es die erde betrifft, ist die verwirklichung menschlicher einheit, indem das innere Göttliche, das Eines ist, in allen erweckt wird und sich durch alle offenbart.

Mit anderen worten: Einheit schaffen durch die gründung des Reichs Gottes, das in uns allen ist.

Die nützlichste arbeit ist daher folgende:

1) Für jeden einzelnen — sich der Göttlichen Gegenwart in ihm selbst bewußt werden und sich ihr einen.

2) Seinszustände individualisieren, die im menschen bisher noch nie bewußt waren, und so die erde mit einer oder mehreren der quellen universaler Kraft in verbindung bringen, die ihr jetzt noch versiegelt sind.

3) Zur welt wieder das ewige Wort sprechen, in neuer weise, die ihrer jetzigen mentalität entspricht.

Es wird eine synthese allen menschlichen wissens sein.

4) Kollektiv — an günstigem ort eine ideale gemeinschaft einrichten, wo die neue rasse sich entwickeln kann, die rasse der Söhne Gottes.

*
**

Zur irdischen umwandlung und harmonisierung müssen zwei scheinbar entgegengesetzte verfahren zusammenwirken und sich ergänzen:

1) Individuelle umwandlung — eine innere entfaltung, die zur vereinung mit der Göttlichen Gegenwart führt.

2) Gesellschaftliche umwandlung — die gestaltung einer umwelt, die das wachstum des einzelnen begünstigt.

Da die umwelt auf den einzelnen zurückwirkt und andererseits der wert der umwelt vom wert des einzelnen abhängt, müssen beide werke miteinander schritt halten. Dies kann nur durch arbeitsteilung geschehen, was die bildung einer gruppe erfordert, wenn möglich hierarchisch gestuft.

Die aufgabe der mitglieder dieser gruppe ist dreifach:

1) In sich selbst das ideal verwirklichen: eine vollkommene irdische verkörperung der ersten offenbarung des Undenkbaren werden, in all seinen daseinsweisen, wesensformen und eigenschaften.

2) Dieses ideal durch das wort, vor allem aber durch das beispiel verbreiten, um all jene zu finden, die ihrerseits bereit sind, ebenfalls künder der befreiung zu werden.

3) Eine vorbildliche gesellschaft begründen oder die schon bestehenden umformen.

*
**

Auch jedem einzelnen obliegt eine doppelte bemühung, wobei die eine seite die andere unterstützt und ergänzt:

1) Eine innere entwicklung, die zunehmende einung mit dem Göttlichen Licht — einzige voraussetzung, den menschen immer mit dem großen strom des universalen lebens im einklang stehen zu lassen.

2) Ein äußeres wirken, das jeder gemäß seinen fähigkeiten und neigungen zu wählen hat. Er muß seinen eigenen platz finden, den platz, den einzig er im allgemeinen konzert besetzen kann, und er muß sich dafür vollständig hergeben, ohne zu vergessen, daß er nur *eine* stimme in der irdischen sinfonie ist, unerläßlich aber für die harmonie des ganzen, und daß ihr wert von ihrer richtigkeit abhängt.

NEUJAHRSGEBETE, BOTSCHAFTEN UND WEITERE WORTE DER MUTTER

1933

Möge die geburt des neuen jahres eine neue geburt für unser bewußtsein werden.

Lassen wir die vergangenheit weit hinter uns, und eilen wir einer hellen zukunft entgegen.

1934

Herr, das jahr geht zuende, und unsere dankbarkeit neigt sich vor Dir.

Herr, das jahr ersteht neu, und unser gebet erhebt sich zu Dir. Möge dies auch für uns die morgenröte eines neuen lebens sein!

1935

Wir geben Dir heute abend alles hin, was künstlich und falsch ist, was vortäuscht und nachmacht. Laß es mit dem alten jahr vergehen. Möge einzig was vollkommen wahr, aufrichtig, gerade und rein ist, in diesem neuen jahr bestand haben.

1936

O Herr, laß dies das jahr Deines sieges sein. Wir streben nach vollkommener treue, um dessen würdig zu werden.

1937

Heil Dir, Herr, überwinder aller hindernisse! Gewähre, daß nichts in uns Deinem werk im wege stehe.

1938

Herr, gewähre, daß alles in uns bereit sei für Deine verwirklichung. An der schwelle dieses neuen jahres neigen wir uns vor Dir, o Herr, höchster Vollbringer.

1939

Alle arbeiter des göttlichen Werkes flehen zu Dir, daß Du sie in höchster läuterung von der herrschaft des ichs befreiest.

1940

Ein jahr des schweigens und der sammlung… Laß uns, o Herr, in Deiner Gnade allein unsre ganze stütze finden.

1941

Die welt kämpft um ihr spirtliches leben, das bedroht ist durch den massenansturm feindlicher, widergöttlicher kräfte.

Herr, wir streben, Deine tapferen kämpfer zu sein, daß Deine glorie auf erden offenbart werde.

1942

Heil Dir, Herr, überwinder all Deiner feinde!
Gib uns die nötige ausdauer, durchzuhalten bis zu Deinem sieg.

4. April 1942

Gib uns den unbezähmbaren mut, den vollkommenes vertrauen in Dich gewährt.

1943

Die stunde ist gekommen, wo eine radikale wahl getroffen werden muß.

Herr, gib uns die kraft, die lüge zurückzuweisen und in Deine wahrheit aufzutauchen, rein und Deines sieges würdig.

(Es geht hier nicht um eine allgemeine theoretische frage. Dies ist eine tatsache: Der Asura — die widergöttliche kraft der Lüge — herrscht über die physische welt; sein einfluß macht sich in der materie überall und in allem bemerkbar. Doch ist der angenblick gekommen, wo die scheidung — die läuterung — möglich ist, wo die lüge — der einfluß des Asura — zurückgewiesen werden kann und man ausschließlich in der göttlichen Wahrheit zu leben vermag.)

1944

O Herr, die welt fleht zu Dir, sie daran zu hindern, immer in die gleichen dummheiten zurückzufallen.

Gewähre, daß ein irrtum, wenn er einmal eingesehen ist, nie mehr wiederholt werde.

Gewähre auch, daß die taten der genaue und aufrichtige ausdruck des verkündeten Ideales seien.

1945

Die erde wird einen dauernden und lebendigen frieden erst dann genießen können, wenn die menschen gelernt haben, sogar in ihren internationalen beziehungen vollkommen wahrhaftig zu sein. Herr, nach dieser vollkommenen wahrhaftigkeit streben wir.

16. august 1945

Hier ist der Sieg, Dein Sieg, Herr, für den wir Dir unendlich danken.

Jetzt aber steigt unser glühendes gebet zu Dir auf. Mit Deiner kraft, dank Deiner kraft haben die sieger gesiegt. Gewähre, daß sie im erfolg die versprechen halten, die sie Dir in den stunden der not und der angst gemacht haben. Sie haben Deinen namen gebraucht, um krieg zu führen — mögen sie Deine gnade nicht vergessen, um frieden zu schließen.

30. august 1945
Über die atombombe

An sich ist die atombombe eine wundervolle errungenschaft und der beweis, daß die macht des menschen über die materie beträchtlich zugenommen hat. Aber es ist bedauerlich, daß dieser fortschritt in der beherrschung der materie nicht das natürliche ergebnis eines entsprechenden fortschritts im spirtlichen bewußtsein und leben ist; denn einzig dieses hat die macht, den gefahren solcher entdeckungen entgegenzuwirken und deren furchtbare wirkungen aufzuheben. Wir können und dürfen den fortschritt nicht aufhalten, aber wir müssen sorge tragen, daß er auf beiden wegen, dem äußeren und dem inneren, in einem wachsenden gleichgewicht geschehe.

1946

Herr, Deinen Frieden wollen wir und kein trugbild des friedens, Deine Einheit und kein trugbild der einheit. Denn einzig Dein Friede, Deine Freiheit und Deine Einheit können die blinde gewalt und heuchlerische lüge überwinden, die immer noch die erde beherrschen.

Gewähre, daß jene, die so tapfer für Deinen Sieg gekämpft und gelitten haben, dessen wahre ergebnisse in der welt sich verwirklichen sehen.

1947

Dies jahr kein gebet, sondern eine ermutigung.

Hier ist sie, gefolgt von einer erläuterung:

„Gerade dann, wenn alles immer schlimmer zu werden scheint, müssen wir einen höchsten glaubensakt leisten und wissen, daß die Gnade uns nie im stich läßt."

Die stunden vor tagesanbruch sind immer die dunkelsten.

Die knechtschaft, die der befreiung vorhergeht, ist die schmerzhafteste von allen.

Aber im gläubigen herzen brennt das ewige feuer der hoffnung, das keinen raum für entmutigung läßt.

3. juni 1947

Man hat uns einen vorschlag gemacht, um die schwierigkeiten bei der gründung eines unabhängigen Indien zu lösen, und dieser vorschlag ist trotz aller bitterkeit und allen bedauerns angenommen worden.

Wißt ihr aber, warum man uns das vorgeschlagen hat? Um uns den wahnwitz unserer streitereien zu zeigen.

Und wißt ihr, warum wir diese vorschläge anzunehmen haben? Um uns selbst den wahnwitz unserer streitereien zu zeigen.

Es ist bestimmt keine lösung, sondern eine erfahrung, eine nötige prüfung, die uns zeigen wird, wenn wir sie aufrichtig durchstehen, daß man einheit und größe des landes nicht erwirkt, indem man es aufteilt; daß man wohlstand nicht erlangt, indem man interessen gegeneinander ausspielt; daß man dem geist der Wahrheit nicht dient, indem man ein dogma gegen das andere stellt.

Trotz allem und trotz allen — Indien hat eine einzige seele, und solange wir nicht von einem geeinten und unteilbaren Indien sprechen können, laßt uns ausrufen:

„Für immer lebe die seele Indiens!"

15. august 1947

O unsere Mutter, seele Indiens, Mutter, die du deine kinder niemals verlassen hast, auch nicht in den dunkelsten stunden, wenn sie nicht auf dich hörten und dich sogar verleugneten: jetzt, wo sie aufgestanden sind und dein antlitz leuchtet in dieser morgenröte deiner befreiung — in dieser großen stunde grüßen wir Dich!

Führe uns, daß der horizont, der sich vor uns auftut, auch der himmelsrand einer wahren größe und eines wahren lebens in der gemeinschaft der völker werde.

Leite uns, daß wir immer auf der seite großer ideale stehen und daß wir den menschen dein wirkliches antlitz zeigen, das des führers auf den pfaden des spirts, das des freundes und helfers aller völker.

1948

Vorwärts, immer vorwärts! Am ende des tunnels ist das licht … Am ende des kampfes ist der sieg!

1949

Herr, an der schwelle des neuen jahres habe ich Dich gefragt, was ich sagen solle. Du hast mich zwei einander entgegengesetzte äußerste möglichkeiten sehen lassen und mir zu schweigen geboten.

1950

Redet nicht — handelt!
Verkündet nicht — vollbringt!

zum 5. dezember
als Sri Aurobindo seinen körper verließ

Die menschen wissen nicht, welch gewaltiges opfer Sri Aurobindo für die welt gebracht hat. Vor etwa einem jahr erwähnte ich ihm gegenüber, ich hätte den eindruck, diesen meinen leib verlassen zu sollen. Da sagte er in festem ton: „Nein, das darf nicht sein. Wenn es für diese umwandlung nötig ist, dann gehe ich; du mußt unseren Joga übergeistiger herabkunft und umwandlung erfüllen."

Sri Aurobindo hat seinen leib in einem akt höchster selbstlosigkeit aufgegeben, der verwirklichung in seinem leib entsagend, um die stunde gemeinschaftlicher verwirklichung zu beschleunigen: Wenn die erde empfänglicher wäre, hätte dies bestimmt nicht sein müssen.

Als ich ihm vorschlug aufzuerstehen, sagte er klar: Ich habe diesen leib mit absicht verlassen. Ich nehme ihn nicht zurück. Ich werde mich wieder offenbaren im ersten leib, der auf übergeistige art gebildet wird.

Sobald Sri Aurobindo sich von seinem leib zurückzog, wurde hier das verwirklicht, was er den Lichtgeist nannte. Der Übergeist war schon lange, sehr lange, in den geist und sogar ins lebentliche herabgekommen: er arbeitete auch im physischen, aber mittelbar über diese zwischenstufen. Es ging nun um das unmittelbare wirken des Übergeistes im physischen. Sri Aurobindo sagte, das würde erst möglich sein, wenn der physische geist das übergeistige licht empfinge: der physische geist war das werkzeug für unmittelbares wirken auf das allerstofflichste. Diesen physischen geist, der das übergeistige licht empfängt, nannte Sri Aurobindo den Lichtgeist (Mind of Light).

7. dezember 1950

Herr, heute morgen hast Du mir versichert, Du würdest bei uns bleiben, bis Dein Werk vollbracht ist, nicht nur als ein bewußtsein, das führt und erleuchtet, sondern auch als dynamische Gegenwart in aktion.

Unmißverständlich hast Du versprochen, daß alles von Dir hier bleiben und nicht die erdatmosphäre verlassen würde, bis die erde umgewandelt ist. Gewähre, daß wir dieser wunderbaren Gegenwart würdig seien und daß fortan alles in uns auf den einen willen ausgerichtet sei, immer vollkommener der erfüllung Deines erhabenen Werks geweiht zu sein.

1951

Herr, wir sind auf der erde, um Dein Werk der umwandlung zu vollbringen. Dies ist unser einziger wille, unsre einzige obliegenheit. Gewähre, daß es uns allein darauf ankomme und all unsre handlungen nur auf dies einzige ziel gerichtet seien.

1952

Herr, Du willst die stärke unseres glaubens prüfen und unsere aufrichtigkeit auf die probe stellen. Gewähre, daß wir daraus größer und reiner hervorgehen.

6. januar 1952

Mach aus uns die heldenkämpfer, die wir zu werden streben. Laß uns erfolgreich die große schlacht der zukunft schlagen, die geboren werden will, gegen die vergangenheit, die zu dauern sucht, auf daß die neuen dinge sich offenbaren und wir bereit seien, sie zu empfangen.

1953

Herr, Du hast uns gesagt: Gebt nicht nach, haltet durch — gerade dann, wenn alles verloren scheint, ist alles gerettet!

1954

Herr, diesen rat gibst Du allen zum neuen jahr:
„Rühmt euch niemals, laßt eure taten für euch sprechen."

1955

Kein menschlicher wille kann die oberhand behalten über den Göttlichen Willen. Stellen wir uns entschlossen und ausschließlich auf die seite des Göttlichen, und der sieg ist gewiß.

6. januar 1955

Ein tag wird kommen, wo aller reichtum dieser welt, befreit aus der knechtschaft der widergöttlichen kräfte, sich spontan und völlig in den dienst des göttlichen Werks auf erden stellt.

1956

Die größten siege sind die leisesten.

Die offenbarung einer neuen welt wird nicht mit trommelschlägen angekündigt.

29. februar-29. märz 1956

Herr, Du hast gewollt, und ich vollbringe.
Ein Neues Licht bricht an auf der erde,
eine neue welt ist geboren,
und die verheißenen dinge sind erfüllt.*

24. april 1956

Die offenbarung des Übergeistes auf der erde ist nicht mehr nur ein versprechen, sondern eine lebendige tatsache, eine wirklichkeit.

Er ist jetzt am werk hier unten, und der tag wird kommen, wo der blindeste, der unbewußteste, ja der widerwilligste genötigt sein wird, es anzuerkennen.

1957

Einzig eine größere kraft als die des Bösen kann den sieg davontragen. Nicht ein gekreuzigter leib, sondern ein verklärter leib wird die welt erlösen.

* Vgl. *Gebete und Meditationen,* S. 191
(Anm. d. übers.)

1958

O Natur, materienhafte Mutter, du hast gesagt, du wollest mitarbeiten, und dieser zusammenarbeit ist keine grenze gesetzt.

1959

Ganz am grund des härtesten, starrsten, engsten, erstickendsten unbewußtseins bin ich auf eine allmächtige sprungfeder gestoßen, die mich mit einem schwung in eine formlose, grenzenlose unermeßlichkeit geschnellt hat, wo die keime einer neuen welt vibrieren.

1960

Wissen ist gut,
leben ist besser,
sein ist vollkommen.

1961

Diese wundervolle welt der wonne, die an unseren türen darauf wartet, daß wir sie rufen, um auf die erde herabzusteigen!

14. februar 1961

Was Sri Aurobindo in der geschichte der welt bedeutet, ist keine lehre, nicht einmal eine verkündigung, sondern ein entscheidendes wirken unmittelbar vom Höchsten.

1962

Unser wesen dürstet nach vollkommenheit. Nicht diese menschliche vollkommenheit, die eine solche des ichs ist und der göttlichen den weg versperrt.

Sondern jene vollkommenheit, die die macht hat, auf erden die Ewige Wahrheit zu offenbaren.

1963

Die Stunde Gottes ist nah — bereiten wir uns vor!

1964

Seid ihr bereit?

1965

Wahrheit, sei gegrüßt!

1966

Laßt uns der Wahrheit dienen!

(*Was ist die Wahrheit*?
Stellt euch in den dienst der Wahrheit, und ihr werdet die Wahrheit kennen.)

1967

Menschen, völker, kontinente!
Die wahl ist zwingend:
Die Wahrheit oder der Abgrund.

23. september 1967

O Indien, land des lichts und des spirtlichen wissens, erwache zu deiner wahren sendung in der welt, weise den weg zur einheit und zur harmonie!

1968

Bleibe jung, höre nie auf, nach vollkommenheit zu streben!

1. februar 1968

Indien ist symbolisch und stellvertretend für alle schwierigkeiten der modernen menschheit geworden.

Indien wird der ort ihrer auferstehung sein, der auferstehung zu einem höheren und wahreren leben.

Gespräch vom februar 1968

Es braucht eine unbedingte transparente aufrichtigkeit. Mangel an aufrichtigkeit ist der grund für die schwierigkeiten, denen wir heute begegnen. Unaufrichtigkeit ist in allen menschen. Es gibt vielleicht hundert menschen auf der erde, die total aufrichtig sind. Die eigentliche natur des menschen läßt ihn unaufrichtig sein; das ist sehr verwickelt, denn er ist dauernd dabei, sich selbst zu betrügen, die wahrheit vor sich zu verstecken, sich zu entschuldigen.

Joga ist das mittel, in allen teilen des wesens aufrichtig zu werden.

Es ist sehr schwierig, aufrichtig zu sein, doch kann man es wenigstens im denken sein; das ist es, was man von den aurovillern verlangen kann.

Die Kraft ist da wie nie zuvor, doch hindert die unaufrichtigkeit der menschen sie daran, herabzukommen, gespürt zu werden. Die welt steckt in der lüge, alle beziehungen zwischen den menschen sind bisher auf lüge und täuschung gegründet. Die diplomatie zwischen den völkern beruht auf lüge. Sie behaupten, den frieden zu wollen, und auf der anderen seite rüsten sie auf. Einzig transparente aufrichtigkeit im menschen und zwischen den völkern wird die ankunft einer umgewandelten welt erlauben.

Auroville ist der erste versuch. Eine neue welt entsteht, wenn die menschen die anstrengung machen wollen, sich zu wandeln und aufrichtig zu werden; dies ist möglich. Vom tier zum menschen waren jahrtausende nötig; heute kann der mensch dank seines geistes eine umwandlung wollen und beschleunigen auf einen menschen zu, der göttlich ist.

Diese umwandlung mit hilfe des geistes — durch selbstanalyse — ist eine erste stufe; nachher gilt es, die lebentlichen triebe zu wandeln. Das ist viel schwieriger, und vor allem dann die umwandlung des physischen: jede zelle unsres leibes muß bewußt werden. Dies ist die arbeit, die ich hier tue; sie wird ermöglichen, den tod zu besiegen. Das ist eine andere geschichte — es wird für die menschen der zukunft sein, vielleicht nach jahrhunderten, vielleicht früher. Es hängt von den menschen, den völkern ab.

Auroville ist der erste schritt auf dieses ziel zu.

21. februar 1968

Die Mutter wurde um ihre „lebenserinnerungen" gebeten. Hier die antwort:

Die erinnerungen sind kurz:

Ich kam nach Indien, um Sri Aurobindo zu treffen; ich blieb in Indien, um bei Sri Aurobindo zu leben. Als er seinen leib verließ, fuhr ich fort hier zu leben, um seine arbeit zu tun: der Wahrheit zu dienen und die menschheit zu erhellen, um die herrschaft der göttlichen Liebe auf erden zu beschleunigen.

1969

Keine worte — taten!

Gespräch vom 8. januar 1969

... Es war am 1. januar nach mitternacht. Ich erwachte um 2 uhr morgens, umgeben von einem so konkreten und so *neuen* bewußtsein, wie ich es noch nie gefühlt hatte. Und es dauerte — ganz und gar greifbar, gegenwärtig — zwei oder drei stunden; dann hat es sich ausgebreitet, alle menschen zu erreichen, die es empfangen konnten. Und ich habe gewußt, daß es das bewußtsein des übermenschen ist, das heißt der mittler zwischen dem menschen und dem übergeistigen wesen...

1970

Die welt bereitet sich auf eine große wandlung vor. Wollt ihr mithelfen?

21. februar 1970

Die wahrheit ist eine schwierige und mühsame eroberung. Man muß ein wirklicher kämpfer sein, um sie zu erringen, ein kämpfer, der nichts fürchtet, weder feind noch tod — denn mit oder gegen alle, mit oder ohne körper: der kampf geht weiter und endet mit dem Sieg!

1971

Selig sind, die einen sprung in die zukunft machen.

1. april 1971

Wir befinden uns in einer dieser „Stunden Gottes", wo die alten grundlagen erschüttert werden und große verwirrung herrscht. Aber es ist eine wundervolle gelegenheit für alle, die einen sprung nach vorn tun wollen; die möglichkeit zum fortschritt ist außerordentlich.

Wollt ihr nicht zu denen gehören, die sich dies zunutze machen?

2. august 1971

(Antwort auf die skeptische frage eines europäers)

Indien ist das land, wo das seelische gesetz regieren *kann und muß*, und die zeit dafür ist *hier* gekommen. Darin liegt übrigens auch das einzig mögliche heil für dieses volk, dessen bewußtsein leider durch fremden einfluß und fremdherrschaft verfälscht worden ist, das aber trotz allem ein einzigartiges spirtliches erbe besitzt.

Juni 1971

Ein Mantra von der Mutter für alle
während der Bangladesch-Krise

Höchster Herr, Ewige Wahrheit, laß uns Dir allein gehorchen und nach der Wahrheit leben!

15. august 1971

Heute beginnt das jahr vor Sri Aurobindos 100. geburtstag. Obwohl er seinen körper verlassen hat, weilt er immer unter uns, lebendig und tätig.

Sri Aurobindo gehört der zukunft; er ist der bote der zukunft und zeigt uns ständig den weg, um die verwirklichung einer glorreichen, vom Göttlichen Willen gestalteten zukunft zu beschleunigen.

Alle, die für den fortschritt der menschheit und die wahre bestimmung Indiens mitarbeiten wollen, müssen sich in hellsichtigem streben und erleuchtetem wirken vereinen.

Gespräch vom 29. september 1971

... Es ist, als wäre durch den Druck die ganze Lüge hochgekommen.

Gespräch vom 16. oktober 1971

Die frage ist, ob der körper folgen kann. Dazu muß er nicht nur dauern, sondern eine neue form, ein neues leben erlangen ... Jedenfalls macht das nichts aus — das bewußtsein ist klar, und das bewußtsein hängt nicht vom körper ab. Wenn er verwendet werden kann, umso besser, sonst — es gibt noch manches zu entdecken!

25. dezember 1971

Es ist zeit, daß die herrschaft der lüge aufhöre.
In der Wahrheit allein liegt das heil.

Laßt uns alle versuchen, des hundertsten Geburtstags von Sri Aurobindo würdig zu sein.

Gespräch vom 24. märz 1972

Heute früh habe ich zum erstenmal meinen leib — ich weiß nicht, ob es der übergeistige leib oder einer des übergangs war — gesehen; jedenfalls einen völlig neuen leib, ungeschlechtlich, weder frau noch mann. Er war sehr weiß ... sehr schlank. Wirklich eine harmonische form.

Auf die frage nach dem übergang vom alten in den neuen leib:

Ich weiß es nicht; es muß etwas geschehen, was bis jetzt noch nie geschehen ist. Wird dieser leib sich verändern? ... Sonst muß er erst nach dem alten verfahren entwerden und dann wieder neu werden ...

Gespräch vom 2. april 1972
vor mehreren versammelten jüngern:

Jahrhunderte und jahrhunderte hat die menschheit auf diese zeit gewartet. Sie ist gekommen. Aber sie ist schwer.

Wir sind hier, um die neue schöpfung vorzubereiten ... Laßt uns unsere arbeit tun. Jede aufrichtige bemühung erhält die allergrößte hilfe.

Dies ist der augenblick, heroisch zu sein.

Heldentum ist nicht, was dafür gilt, sondern: *ganz in sich geeint zu sein*, und die göttliche hilfe wird immer allen beistehn, die beschlossen haben, völlig aufrichtig heldenhaft zu sein ...

Ihr müßt der aufgabe gewachsen sein. Ihr müßt alle schwäche und alle beschränktheit überwinden, und vor allem dem kleinen eigenen ich sagen: deine zeit ist vorbei! Wir wollen eine rasse *ohne ego**, die stattdessen ein göttliches bewußtsein hat. Dies wollen wir: das göttliche bewußtsein, das die rasse befähigt, sich zu entwickeln und dem übergeistigen wesen ermöglicht, zu erstehn!

Gespräch vom 12. april 1972

Es ist seltsam, wie die menschliche natur dem widerstand leistet. Die gewöhnliche menschennatur ist so, daß sie lieber aus eigenen kräften eine niederlage einstecken will als auf andere weise den sieg davontragen. Der abgrund menschlicher dummheit ist ganz unglaublich ...

* „ego": gesondertes ich (Anm. d. übers.)

Gespräch vom 6. mai 1972

Es ist wie eine goldene Kraft, die herniederdrückt, sie hat keine materielle dichtigkeit und ist trotzdem ungeheuer schwer. Sie drückt auf die Materie, wie um sie dazu zu bringen, sich innerlich dem Göttlichen zuzuwenden — keine äußere flucht, sondern: innerlich sich dem Göttlichen zuwenden. Und da — als scheinbares ergebnis — ist es, als wären die katastrophen unvermeidlich. Und gleichzeitig gibt es lösungen, die ganz und gar wunderbar sind.

Es ist, als würden die beiden extreme noch extremer: was gut ist, wird besser, was schlecht ist, wird schlechter — unter der ungeheuren Macht, die auf die welt DRÜCKT ...

Sogar vom materiellen gesichtspunkt aus hat der kleinste, der allergeringste fehler große folgen, und die geringste aufrichtigkeit hat wunderbare ergebnisse. Die werte sind gesteigert und geschärft ...

Es gibt eine grundbedingung: Die herrschaft des ego muß aufhören. Das ego ist jetzt das hindernis. Das ego muß durch das göttliche bewußtsein ersetzt werden — Sri Aurobindo sagte „übergeistig"; wir können übergeistig sagen, damit es kein mißverständnis gibt. Denn sobald man vom „Göttlichen" spricht, denken die leute an einen „Gott", und das verdirbt alles. Das ist es ganz und gar nicht — es ist die herabkunft der übergeistigen welt, die nicht einfach etwas vorgestelltes ist, sondern eine *absolut* materielle Macht, die aber auf keine materiellen mittel angewiesen ist.

Eine welt will sich einkörpern in dieser welt!

15. august 1972

Sri Aurobindos botschaft ist ein unsterbliches sonnenlicht, das über die zukunft strahlt.

Gespräch vom 25. oktober 1972

Im Unterbewußten sind alle widersprüche aufgestaut.

Und das steigt hoch, immerzu, immerzu …

Es ist, als würde die schlacht der welt in meinem bewußtsein geschlagen …

Es gibt nur ein mittel: ruhig zu bleiben, ruhig, ruhig. … Das gefühl zu haben, daß das einzelwesen nichts ist, nichts — es läßt die göttlichen strahlen durchgehn. Das ist die einzige lösung. Man muß das Göttliche kämpfen lassen …

Gespräch vom 20. dezember 1972

Sri Aurobindo hatte in seinem körper viel übergeistige kraft gesammelt, und als er ihn verließ — er lag da, ich stand bei ihm —, da ist in ganz konkreter weise, so greifbar und so stark fühlbar, daß man meinte, man müßte es sehen, diese ganze übergeistige kraft von seinem körper in den meinen übergegangen. Ich fühlte die reibung des übergangs. Es war wunderbar. Eine ganz wunderbare erfahrung. Lange, lange ging das so ...

Es besteht ein unterschied in der *macht* des wirkens. Er hat jetzt eine größere wirkgewalt als in seinem körper. Darum hat er ihn ja auch verlassen — es war nötig, so zu wirken.

Das ist sehr konkret, sein wirken ist sehr konkret geworden ... Gar nicht ätherisch — ganz greifbar. Man könnte fast sagen: materiell.

Gespräch vom 30. dezember 1972

Also, dieses neue jahr ...

Die dinge haben eine extreme form angenommen. Da ist gleichsam eine erhebung in der atmosphäre auf eine fast unvorstellbare herrlichkeit zu —, und gleichzeitig die empfindung, daß man jeden augenblick ... sterben könnte — nicht „sterben", aber daß der körper sich auflösen kann. Beides zusammen ergibt ein bewußtsein — ungeheuer und wunderbar.

Und der körper hat ein gebet, immer dasselbe:

Mach mich würdig, Dich zu kennen,
mach mich würdig, Dir zu dienen,
mach mich würdig, Du zu sein!

Das ist es. Ich fühle mich als wachsende kraft —, aber von neuer art ... Nichts ist unmöglich.

Wenn ihr der ganzen welt zugleich bewußt seid, dann könnt ihr des Göttlichen bewußt werden.

Gespräch vom 10. märz 1973

... Ich wiederhole immerfort: was Du willst, was Du willst, was Du willst ... Möge geschehen was Du willst, möge ich tun was Du willst, möge ich dessen bewußt sein, was Du willst.

Und auch: ohne Dich, das ist der tod; mit Dir, das ist das leben. Und unter „tod" verstehe ich nicht den physischen tod — es ist möglich, daß dieser kommt ...

Ich habe die ganze zeit den eindruck — es ist lustig! — ein kleines kind zu sein, das sich in ein göttliches bewußtsein schmiegt ... allumfangend.

24. april 1973

Jenseits des menschlichen bewußtseins,
jenseits der sprache —
o Du, Höchstes Bewußtsein,
Einzige Wirklichkeit,
Göttliche Wahrheit!

17. NOVEMBER 1973

Um 19 uhr 25 hat die Mutter ihren physischen leib verlassen. Nolini Kanta Gupta, der erste und älteste Schüler Sri Aurobindos, sagte dazu*:

„Der leib der Mutter hat zur alten schöpfung gehört. Er sollte dem Neuen Leib als sockel dienen. Er hat seinen zweck gut erfüllt. Der Neue Leib wird kommen.

Wiederaufnahme des körpers würde eine wiederbelebung seiner alten beschwerden bedeutet haben. Diese beschwerden wurden von ihm aus abgebaut, soweit dies geschehen konnte — weiter war es nicht möglich. Für eine neue wandlung bedurfte es eines neuen verfahrens. ‚Tod' war die erste stufe davon."

M. P. Pandit, ebenfalls seit jahrzehnten ein kind der Mutter und Sri Aurobindos, berichtete:

„Wie die Mutter uns versichert hat, wartet Sri Aurobindo in seinem übergeistigen leib in der feinstofflichen welt auf die irdischen bedingungen, unter denen er sich hier offenbaren kann. Der leib der Mutter, der leib, der seit langem in vorbereitung war und den sie jetzt angenommen hat, ist der materiellen welt näher. Er wird die brücke bilden zwischen Sri Aurobindos übergeistigem leib und dieser welt."

* Für eine ausführliche behandlung dieses themas siehe sein büchlein *Süße Mutter, ansprachen an ihre kinder*.

Und K.D. Sethna — auch verfasser der von der Mutter voll bestätigten studie „The Passing of Sri Aurobindo" („Der Weggang Sri Aurobindos") — schreibt in der Aschramzeitschrift „Mother India" (jan. 1973) unter anderem:

„... Die Mutter erfüllte wie Sri Aurobindo die bedingungen, unter denen der widersacher Tod in ihren dienst gezwungen werden konnte ...

Ja, die Mutter erkämpfte ihren weg zum sieg während ihres rückzugs aus dem körper ...

Der rückzug konnte siegreich sein, weil zwischen der feinstofflichen* glorie der gnade und der physischen arbeit der liebe genügend wechselwirkung stattgefunden hatte, um der Mutter zu ermöglichen, ihr werk auf erden auch ohne ihr äußeres dasein fortzuführen. Nun durfte die grobstoffliche form ihr lange durchgehaltenes ringen aufgeben, wiel die feinstoffliche gestalt dank der glühenden tapasja („immer strebendes sich-bemühn") der grobstofflichen form eine neue auf die erde gerichtete befähigung bekommen hatte, die hinreichende dichtigkeit und angemessene macht, um unmittelbar auf die irdische ebene einzuwirken und letztlich sogar sich selbst zu verfestigen und hier sich zu verkörpern für eine noch intensivere tätigkeit zur erfüllung der evolution, wie Sri Aurobindo und die Mutter sie erstreben ...

* Das feinstoffliche (subtle physical) ist die seinsebene, die unserem grobstofflichen (gross physical), am nächsten liegt.

Die Mutter steht jetzt zwischen der feinen und der groben Materie — sie hat die schranke durchbrochen, welche die beiden voneinander getrennt hatte ..."

Aus der ganzen welt laufen briefe ein mit erfahrungen von der lebendigen, jetzt noch verstärkt wirkenden Gegenwart der Mutter.

Zum schluß die aufzeichnung einer indischen aschrambesucherin, Lalita. („Mother India", dez. 1973)

„... Ich saß in der meditationshalle nahe bei Deinem aufgebarten leib und weinte in mich hinein, als ich eine starke Kraft fühlte, die mich tief in mein inneres zog, bis ich das gefühl von zeit und raum verlor.

Mein gewöhnlich sehr rühriger geist wurde still. Mein körper, voll beschwerden nach der langen und ermüdenden reise, wurde so ruhig, daß ich seiner kaum noch bewußt war.

Dann erschienst Du langsam, wie von hinter einem schleier. Du warst in ein blaßgoldenes gewand gekleidet. Du sahst jung und schön aus — strahlend in weißem licht.

Dies licht war am stärksten um Dein haupt, kreisend mit einem unbeschreiblichen schein. Es erstreckte sich intensiv bis zur hüfte. Noch tiefer war es etwas weniger hell. Von Deinem leib aus breitete es sich über die ganze welt.

Du sahst meinen staunenden blick und lächeltest Dein süßes, liebevolles lächeln und sagtest: „Es gibt keine niederlage für das Göttliche. Auch dies ist ein triumph, der zur glorie führt. Ich habe Dich nicht verlassen und werde es niemals tun. Vergiß das ego, gib Dich selbst hin—lebe und arbeite in harmonie und einheit für das Göttliche."

Dann öffnetest Du Deine beiden hände, und indem Du die finger verschränktest, sagtest Du zuletzt:

„Und mein Kommen ist nicht fern."

SRI AUROBINDO: AUS „SAWITRI"

So wird der vermummte Höchste den thron besteigen.
Wenn Finsternis zunimmt, drosselnd der erde brust,
und menschlicher geist die einzige lampe ist,
wird wie eines diebs bei nacht der heimliche gang
von Einem sein, der verstohlen sein haus betritt.
Eine leise Stimme wird sprechen, die seele gehorchen,
Macht sich stehlen in geistes innres gemach,
liebreiz und süße öffnen des lebens tore
und schönheit widerstrebende welt erobern,
das wahrheitslicht überraschend Natur erbeuten,
ein kunstgriff Gottes das herz zur wonne zwingen
und erde unerwartet sich göttlich sehn.
In Materie wird entbrennen des spirtes glühn,
in leib über leib entflammen die heilge geburt;
die nächte werden zum sang der sterne erwachen,
die tage wallen in glücklicher pilgerfahrt,
unser wille wird reine kraft von des Ewigen stärke
und denken spirtlicher sonne strahlen sein.
Ein paar werden schauen, was noch keiner begreift;
Gott wächst heran, wenn die weisen reden und schlafen;
denn vor der zeit wird der mensch nicht wissen,was kommt,
und glaube wird nicht sein bis das werk getan.[2]

SRI AUROBINDO

Eines Gottes Arbeit

Meine träume samml' ich in silberluft
zwischen dem gold und dem blau,
umhülle sie sanft und lasse sie da,
meine perlenträume von dir.

Einen regenbogensteg wollt ich baun,
die scholle dem himmel vermähln,
und in dieses libellenplaneten tanz
der unendlichkeit stimmungen sä'n.

Doch zu hell unsre firmamente, zu fern —
zu zart ihr ätherischer stoff;
nicht blieb unser licht — zu leuchtend und jäh,
die wurzeln nicht tief genug.

Wer die himmel herunter bringen will,
muß selbst hinab in den lehm
und die bürde tragen der erdnatur
und wallen den leidensweg.

Meine gottheit zwingend kam ich hierher,
auf dieser erde morast,
unwissend, mühselig, menschlich nun
zwischen toren von tod und geburt.

Ich habe gegraben tief und lang
  mitten im scheußlichen dreck
ein bett für des goldenen flusses lied,
  für das todlose feuer ein heim.

Ich rang und litt in Materiennacht,
  zu bringen das feuer her,
doch höllischer haß und menschentrotz
  sind mein lohn, seit die welt begann.

Denn des menschen tierselbst trügt seinen geist,
  ist nur auf lüste bedacht,
er birgt in sich einen grauen Elf,
  verliebt in sünde und gram.

Der schaudert vor himmels flamme zurück
  und allem, was rein und froh,
durch vergnügen nur, passion und pein
  kann sein drama weitergehn.

Kampf und dunkel ist alles rings,
  denn die lampen, sonnen gewähnt,
sind strauchelndem leben nur glanz am weg,
  gesandt von Unsterblichen.

Kleine hoffnungsfackeln entfacht der mensch,
  die ihn führen an schroffen rand;
ein bruchstück der Wahrheit sein horizont,
  ein gasthaus sein pilgerziel.

Die Wahrheit der wahrheiten leugnet er,
schlägt das Licht der lichter aus;
unwissende götter ruft er an
oder wählt dämonenaltar.

Stets muß gefundnes er suchen neu,
bezwungnes lebt wieder auf,
stets neu zu kämpfen ist jede schlacht
durch fruchtloser leben reih.

Meine wunden klaffen, tausendundein,
Titanfürsten greifen an,
doch ich kann nicht ruhn, bis mein werk vollbracht
und der ewige wille getan.

Wie lästern teufel und menschen voll hohn!
„Du hoffst mit Chimäras haupt
und färbst den himmel mit feuerfleck;
du wirst fallen, dein werk vergehn.

Was schwätzt du von himmlischer leichte uns,
von goldenem raum und glück,
die wir strandgut am unbewußten meer
und gebunden an eh'rnes geschick?

Die erde ist unser, ein feld der Nacht
für unser geflacker da.
Wie duldete sie das heilige Licht,
ertrüg eines gotts begier?

Erschlagen wir ihn und enden den lauf!
Dann ist unser herz befreit
von dem schweren anspruch der glorie und kraft
und dem frieden, weit und weiß."

Doch der gott ist in meiner sterblichen brust
und ringt mit irrtum und los
und bahnt einen weg durch wüste und sumpf
für Ihn, der ohne fehl.

Eine stimme rief: „Geh, wo keiner noch ging!
Schürf tiefer, tiefer noch,
bis auf den grimmen grundstein du triffst
und klopfst ans schloßlose tor."

Ich sah ein falsches zutiefst gepflanzt
an der dinge wurzelstock,
wo die Sphinx bewacht Gottes rätselschlaf
auf des Drachen flügelgespreiz.

Ich ließ die äußern götter des geists
und des lebens friedlose seen
und taucht durch die blinden gänge des leibs
zu den niedern mysterien hin.

Ich grub durch der Erde furchtbares herz
und hört ihrer schwarzmesse gong.
Ihrer qualen ursprung hab ich gesehn
und der hölle inneren grund.

Über mir grollt das drachengemurr
und huscht der kobolde laut;
ich drang durch das Leer, wo Denken entstand,
ich klomm in abgründgen schlund.

Auf verzweifelter treppe stand mein fuß,
mit grenzlosem frieden bewehrt,
und brachte die feuer von Gottes glanz
hinein in des menschen pfuhl.

Er, der ich bin, war stets bei mir;
die schleier zerreißen nun.
Ich vernahm Seine stimme, trug Sein geheiß
auf weiter ruhiger stirn.

Überbrückt ist die kuft zwischen tiefen und höhn,
das goldene wasser strömt
vom regenbogigen saphirberg
und scheint von gestad zu gestad.

In der erde brust loht des himmels brand,
und todlos glühn sonnen hier;
durch ein wunderloch im geburtenpferch
flammt verkörperter spirte drang

zu der Wahrheit und Wonne reichen empor;
eine goldrote treppe herab
ziehn strahlend die kinder vom paradies,
verkündend des dunkels schluß.

Ein wenig noch — und des Neuen tor
steht gemeißelt im silberlicht
mit mosaikböden, goldnem dach
in großer strahlender welt.

Ich laß meine träume in glänzender luft,
denn gewandet in gold und blau
wird verkörpert und hold auf erden gehn
die lebende wahrheit von dir.

31.7.1935

Ohne Ihn wäre ich nicht, ohne mich wäre Er unoffenbart.

—Die Mutter

SRI AUROBINDO ÜBER DIE MUTTER UND DIE „GEBETE UND MEDITATIONEN"

Die Göttliche Mutter ist das Bewußtsein und die Kraft des Göttlichen — die Mutter aller dinge.

1933

Das bewußtsein der Mutter und das meine sind dasselbe, weil dies nötig ist für das spiel. Nichts kann getan werden ohne ihr wissen und ihre kraft ...

1934

Die Mutter und ich hatten alle wege zu versuchen, allen methoden zu folgen, berge von schwierigkeiten zu übersteigen, eine viel schwerere bürde zu tragen als du oder irgend jemand sonst im Aschram oder außerhalb, unter viel schwierigeren bedingungen, und hatten kämpfe auszufechten, wunden hinzunehmen, wege durch undurchdringlichen morast, durch wüste und dickicht zu bahnen, feindliche massen zu überwinden: eine arbeit, wie sie — ich bin sicher — niemand vor uns zu tun hatte. Denn der Führer auf dem weg in einem werk wie dem unseren muß nicht nur das Göttliche herabbringen, darstellen und verkörpern, sondern auch das aufsteigende element in der menschheit vertreten und die bürde der menschheit in vollem maße tragen, und das nicht in bloßem spiel oder Lila, sondern in grimmigem ernst; er muß alle behinderung, schwierigkeit und gegnerschaft, durchkreuzte oder aufgehaltene und nur langsam siegreiche mühsal erdulden, die auf dem Wege möglich sind...

1932

Jene bürde haben wir getragen, um anderen nachher einen leichteren pfad zu gewährleisten. In jener absicht hat die Mutter einmal zum Göttlichen gebetet, es möge, welche schwierigkeiten, gefahren und leiden auf dem pfad auch immer nötig seien, diese lieber ihr als anderen auferlegen. Es ist ihr als ergebnis ihrer täglichen und furchtbaren jahrelangen kämpfe so weit gewährt worden, daß jene, die völliges und aufrichtiges vertrauen in sie setzen, dem sonnenbeschienenen pfad zu folgen vermögen...

1936

Es gibt *eine* göttliche Kraft, die im weltall und im einzelwesen wirkt und auch über dem einzelwesen und dem weltall ist. Die Mutter steht für alle diese, aber sie arbeitet hier im körper, um etwas herabzubringen, was in dieser stofflichen welt noch nicht ausgedrückt ist, um das leben hier umzuwandeln...

1936

Die arbeit der kosmischen Macht ist es, den kosmos und das gesetz des kosmos aufrechtzuerhalten. Die größere umwandlung kommt vom Transzendenten jenseits des universalen, und jene überseiende Gnade ist es, die hier in aktion zu setzen die verkörperung der Mutter da ist.

1933

Die Mutter war seit ihrer jugend spirtlich bewußt gewesen, ja von ihrer kindheit an, und sie hatte schon sehr lange Sadhana geübt und dies wissen entwickelt, bevor sie nach Indien kam.

1933

In ihrem allheitlichen wirken handelt die Mutter dem gesetz der dinge entsprechend — in ihrem verkörperten physischen wirken bietet sich die gelegenheit einer ständigen Gnade — dazu findet die verkörperung statt.

Die Mutter hat viele verschiedene persönlichkeiten, und ihr aussehen verändert sich je nach dem, welche vorherrscht. Etwas gemeinsames besteht natürlich. Da ist die erste, die Eine, welche alle diese persönlichkeiten offenbaren, die aber nicht durch namen oder wort auszudrücken ist — da ist auch die übergeistige persönlichkeit, die von hinter dem schleier über das ziel der gegenwärtigen offenbarung die aufsicht führt.

1933

Mit dem „sieg" ist das endgültige auftauchen des eingekörperten bewußtseins auf erden aus der bindung der

Unwissenheit gemeint. Das war mit einer spirtlichen evolution durch die zeitalter vorzubereiten... Sie hat einen punkt erreicht, wo eine entscheidende bemühung möglich geworden ist.

1933

Die GEBETE UND MEDITATIONEN sind meistens in einer identifikation mit dem erdbewußtsein geschrieben. Es ist die Mutter in der niederen natur, die sich an die Mutter in der höheren natur wendet; die Mutter, die selbst die Sadhana des erdbewußtseins für die umwandlung ausübt und zu sich selber droben betet, von der die kräfte der umwandlung kommen. Dies dauert, bis die einswerdung des erdbewußtseins mit dem höheren bewußtsein vollzogen ist. Das wort „unser", glaube ich, ist allgemein und bezieht sich auf alle im erdbewußtsein geborenen. Diese art gebet vom Göttlichen zum Göttlichen findest du auch im Ramajana und im Mahabharata.

1936

Brief an die Mutter über ihre erfahrung vom 26. november 1915 (GEBETE UND MEDITATIONEN, S. 236)

Die von Dir geschilderte erfahrung ist wedisch im eigentlichen sinn, wenn auch nicht eine, die von modernen jogasystemen — wie sie sich nennen — leicht anerkannt würde. Es ist die einung der „Erde" des Weda und des Purana mit dem göttlichen prinzip, einer erde, die über unserer erde ist, das heißt jenes physische sein und bewußtsein, von dem die welt und der leib nur bilder sind. Doch anerkennen die modernen jogas kaum die möglichkeit einer stofflichen einung mit dem Göttlichen.

1915

Den Himmel haben wir besessen, doch nicht die erde; die fülle des joga aber — in der formel des Weda — macht „Himmel und Erde ebenbürtig und eins".

1915

Die schwierigkeiten, denen du beim spirtlichen fortschreiten begegnest, sind uns allen gemeinsam. In diesem joga wird der fortschritt immer von jenen rückfällen in die gewöhnliche geistigkeit begleitet, bis das ganze wesen so umgeformt ist, daß es nicht mehr von irgendeiner niederziehenden neigung in unserer eigenen natur berührt wird, auch nicht von eindrücken aus der unstimmigen welt außerhalb, ja nicht einmal vom geistigen zustand derer, die mit uns im joga am engsten verbunden sind.

Der gewöhnliche joga ist im allgemeinen auf ein einziges ziel ausgerichtet und daher solchen rückschlägen weniger ausgesetzt; der unsere ist so komplex und vielseitig und umfaßt so weite ziele, daß wir keinen glatten fortschritt erwarten können, bis wir der vollendung einer bemühung nahe kommen — vor allem, da die feindlichen kräfte in der okkulten welt sich in einem dauernden zustand der gegnerschaft befinden und unsre gewinne bestürmen; denn der vollständige sieg eines einzigen von uns würde einen allgemeinen zusammenbruch unter ihnen bedeuten. Tatsächlich können wir nicht hoffen, aus eigener kraft, ohne hilfe, erfolgreich zu sein. Nur in dem maße, wie wir in immer universalere einung mit dem Höchsten gelangen, können wir mit endgültigkeit zu siegen hoffen. Was mich betrifft, so habe ich so oft von dingen lassen müssen, die sicher gewonnen schienen, daß ich nur bedingt von irgend einem teil meines joga sagen kann „dies ist vollbracht".

Doch habe ich jedesmal, wenn ich mich von einem dieser rückschläge erhole, gefunden, daß dies mit einem neuen spirtlichen gewinn verbunden ist, der hätte vernachlässigt oder verfehlt werden können, wäre ich sicher in meinem vorigen zustand teilweiser zufriedenheit verblieben. Ich bin imstande, zumal die karte meines marsches seit langem entworfen vor mir liegt, mein vorrücken bei jedem schritt zu ermessen, und die einzelnen verluste werden ausgeglichen durch das klare bewußtsein des allgemeinen erreichten fortschritts. Das endgültige ziel ist fern, doch der fortschritt, der angesichts so dauernder und massiver gegnerschaft gemacht worden ist, gewährleistet, daß es am ende erreicht wird...

Aber die zeit liegt in anderen händen als unsern. Daher habe ich ungeduld und unbefriedigtheit weit von mir gewiesen. Ein unbedingter gleichmut von geist und herz und eine klare reinheit und ruhige stärke in allen gliedern des wesens waren lange die erste bedingung, auf welcher die in mir wirkende kraft mit unerschöpflicher geduld und unentwegter beharrlichkeit des willens bestanden hat, einem willen, der alle bemühungen anderer kräfte, unter vernachlässigung dieser ersten erfordernisse vorwärtszueilen, zurückweist. Wo immer diese beeinträchtigt sind, kommt sie darauf zurück und bearbeitet die schwachen punkte wieder, wie ein handwerker, der die mängel seiner arbeit geduldig verbessert. Diese eigenschaften scheinen mir die grundlage und bedingung alles übrigen zu sein. In dem maße, wie sie fester und vollständiger werden, wird auch das system fähiger, die stetige wahrnehmung des Einen in allen dingen und wesen dauernd und lebendig zu erhalten, in allen eigenschaften, kräften, ereignissen, in diesem ganzen weltbewußtsein und dem spiel seiner tätigkeiten. Dies gründet die Einheit und auf ihr die tiefe befriedigung und wachsende wonne des Einsseins. Hiergegen ist unsre natur am widerspenstigsten. Sie besteht auf teilung, auf gegensätzen, auf sorge und unbefriedigter leidenschaft und mühe. Es fällt ihr schwer, sich an die göttliche weite, freude und ausgeglichenheit zu gewöhnen — vor allem den lebentlichen und stofflichen teilen unsrer natur. Sie sind es, die den geist hinunterziehen, auch nachdem er das höhere angenommen und schon lange in der freude, dem frieden und der einheit gelebt hat.

Wohl deswegen hatten die religionen und philosophien eine so starke neigung, Leben und Materie zu verdammen und zielten auf ein entkommen, statt auf einen sieg. Aber der sieg muß errungen werden; die aufrührerischen elemente müssen erlöst und umgewandelt, nicht zurückgestoßen oder abgeschnitten werden.

Wenn die Einheit gut gegründet ist, ist die statische

hälfte unseres werks getan, doch es bleibt die aktive hälfte. Dann aber müssen wir in dem Einen den Meister und Seine Kraft sehen — Krischna und Kali, wie ich sie in den begriffen unsrer indischen religionen nenne — die Kraft, die das gesamte meiner selbst und meiner natur besetzt, die zu Kali wird und aufhört, irgend etwas anderes zu sein; der Meister, der die Kraft zu seinen zwecken, nicht den meinen gebraucht, führt und genießt, wobei das, was ich mein „ich" nenne, nur ein mittelpunkt seiner universalen existenz ist, auf deren wirken es anspricht wie eine seele auf die Seele, und dessen bild es in sich aufnimmt, bis nichts mehr übrigbleibt außer Krischna und Kali. Das ist die stufe, die ich erreicht habe, trotz aller rückschläge und gegenstöße, unvollkommen zwar in der sicherheit und intensität des zustands, im ganzen aber ausreichend. Wenn das getan ist, können wir in uns das spiel seines göttlichen Wissens, das das wirken seiner göttlichen Kraft beherrscht, sicher zu gründen hoffen. Dann bleibt noch das völlige sichöffnen der verschiedenen ebenen des weltspiels und die unterwerfung der Materie und des körpers und der stofflichen welt unter das gesetz der höheren himmel der Wahrheit. Während ich in meiner früheren unwissenheit ungeduldig auf diese dinge drängte, bevor ich die ersten bedingungen erfüllt hatte — die anstrengung war allerdings nötig und bereitete die stofflichen werkzeuge vor — so freue ich mich jetzt lediglich auf sie als eine künftige möglichkeit in einer noch fernen sicht der dinge.

Das Licht und die Macht des übergeistigen seins sicher zu besitzen, ist das hauptziel, dem sich die kraft nun zuwendet. Aber die reste der alten gewohnheiten verstandesmäßigen denkens und geistigen wollens sind so hartnäckig zum bleiben entschlossen, daß der fortschritt behindert und ungewiß ist und immer wieder von der kleinen schon bewirkten erfüllung zurückfällt. Sie sind nicht mehr in meinem innern; sie sind blind, dumm, mechanisch, unverbesserlich selbst dann, wenn sie ihre unzulänglichkeit einsehen; aber sie scharen sich um den geist und schütten ihre eingebungen hinein, wann immer er versucht, nur für das übergeistige Licht und das höhere Geheiß offen zu bleiben, so daß das Wissen und der Wille den geist nur in vermischter, verdrehter und oft irreführender form erreichen. Es ist jedoch nur eine frage der zeit: die belagerung wird an kraft abnehmen und schließlich vertrieben werden.

1916

Frage an Sri Aurobindo: Die Mutter hat in ihrem gebet vom 4. august 1914* gefleht, daß das blutige opfer, das die menschen im weltkrieg brachten, nicht umsonst sein möge. Ist daraus wirklich irgend etwas gutes entstanden?

* *Gebete und Meditationen,* S. 164

Antwort: Es ist eine verschlimmerung eingetreten — die herabkunft der lebentlichen welt in die menschliche. Andererseits gibt es — außer in den „besessenen" nationen — eine größere sehnsucht nach frieden und ein gefühl, daß solche dinge nicht geschehen sollten. Indien wurde vom krieg nicht wirklich berührt. Woran die Mutter jedoch dachte, war eine öffnung auf die spirtliche wahrheit hin. Diese hat zum mindesten versucht zu kommen. Es gibt eine weitverbreitete unzufriedenheit mit der alten materialistischen zivilisation, ein suchen nach einem tieferen licht, nach tieferer wahrheit — doch profitieren leider die alten religionen davon, und nur eine sehr geringe minderheit sucht bewußt nach dem neuen Licht.

1926

Frage: Ist diese „herabkunft der lebentlichen welt" geschehen, um das höhere Licht am kommen zu hindern?

Antwort: Wenn durch die bevorstehende Herabkunft von oben ein druck auf der lebentlichen welt liegt, wirft diese gewöhnlich etwas von sich in die menschliche welt hinein. Die lebentliche welt ist sehr groß und übertrifft die menschliche an umfang bei weitem. Im allgemeinen aber beherrscht sie durch einfluß und nicht durch herabkunft. Natürlich ist es immer das anliegen dieses teils der lebentlichen welt, die menschheit in seiner macht zu behalten und das höhere Licht zu verhindern.

1936

Frage: Wenn wegen der herabkunft der lebentlichen welt eine verschlimmerung eingetreten ist, wird dies nicht die übergeistige herabkunft ins erdbewußtsein unmöglich machen oder in eine ferne zukunft verschieben, statt „hier und jetzt"? Und da die besessenen nationen mit aller nur möglichen materiellen macht ausgestattet sind, scheint wenig hoffnung zu bestehen, daß eine friedensbewegung erfolgreich sein könnte.

Antwort: Die lebentliche herabkunft kann die übergeistige nicht verhindern — noch weniger können es die besessenen nationen mit ihrer materiellen macht, da die übergeistige herabkunft in erster linie eine spirtliche tatsache ist, die notwendig ihre äußeren folgen zeitigen wird. Was frühere lebentliche herabkünfte getan haben, war, das herabkommende Licht zu verfälschen, wie in der geschichte des christentums, wo es sich der lehre bemächtigte, sie entstellte und jeder weiten eigentlichen wirkung beraubte. Doch der übergeist ist seinem wesen nach ein Licht, das nicht entstellt werden kann, wenn es in eigener vollmacht und eigener gegenwart kommt. Nur wenn es sich zurückhält und niedrigere bewußtseinsmächte eine verminderte und schon abgelenkte Wahrheit gebrauchen läßt, kann das wissen von den lebentlichen gewalten ergriffen und ihren eigenen zwecken dienstbar gemacht werden.

1936

DIE MUTTER ÜBER SRI AUROBINDOS UND IHR WERK AUF ERDEN

Sri Aurobindos werk ist eine einzigartige erdumwandlung.

Über dem geist befinden sich mehrere ebenen bewußten seins, von denen die wirklich göttliche jene ist, die Sri Aurobindo den Übergeist (Supermind) genannt hat, die welt der Wahrheit. Doch dazwischen liegt, was er als den Obergeist (Overmind) bezeichnet hat, die welt der kosmischen Götter. Dieser Obergeist nun hat bis jetzt unsre welt beherrscht. Er ist das höchste, was der mensch im erleuchteten bewußtsein zu erreichen vermocht hat. Er ist für das Höchste Göttliche gehalten worden, und alle, die dahin gelangt sind, haben nie einen augenblick gezweifelt, daß sie mit dem wahren Spirt in berührung gekommen seien. Denn seine herrlichkeiten sind so gewaltig für das menschliche bewußtsein, daß es ganz und gar geblendet wird und glaubt, hier endlich sei die krönende wirklichkeit. Und doch ist es eine tatsache, daß der Obergeist weit unterhalb des wirklich Göttlichen liegt. Er ist nicht die eigentliche heimat der Wahrheit. Er ist nur der bereich der bildner, aller jener schöpferischen mächte und gottheiten, vor denen der mensch sich seit beginn der geschichte gebeugt hat. Und der grund, weshalb das wahre Göttliche sich nicht offenbart und die erdnatur gewandelt hat, ist gerade der, daß der Obergeist für den Übergeist gehalten worden ist...

Das bewußtsein ist wie eine treppe: in jeder großen epoche hat es ein großes wesen gegeben, das der treppe eine stufe hinzuzufügen vermochte, ohne die fühlung mit dem materiellen zu verlieren — das Höchste zu erreichen und gleichzeitig den gipfel mit dem grund zu verbinden, anstatt eine art von leere die verschiedenen ebenen voreinander trennen zu lassen. Hinauf und hinab zu steigen und den gipfel dem grund zu verknüpfen ist das ganze geheimnis der verwirklichung, und das ist das werk des Awatars. Jedesmal, wenn er eine neue stufe an die treppe fügt, gibt es eine neue schöpfung auf der erde. Sri Aurobindo hat die stufe, die er jetzt hinzufügt, den Übergeist genannt; als ergebnis wird das bewußtsein imstande sein, die übergeistige welt zu betreten und doch seine persönliche form, seine einzelwerdung zu bewahren und dann herabzukommen, um hier eine neue schöpfung einzurichten.

Das ist gewiß nicht die letzte, denn es gibt weitere bereiche des seins; doch jetzt sind wir am werk, den Übergeist herabzubringen, um eine neueinrichtung der welt zu bewirken, die welt zur wahren göttlichen ordnung zurückzubringen. Es ist im wesentlichen eine schöpfung der ordnung — alles an seinen wahren platz zu stellen...

Die arbeit, eine zusammenhängende verbindung zu schaffen, die ermöglicht, hinauf- und hinabzusteigen und ins stoffliche das herabzubringen, was oben ist, geschieht innerhalb des bewußtseins. Sogar wenn der dafür bestimmte, der Awatar, in einen kerker gesperrt wäre und niemanden sähe und nie herauskäme, würde er dennoch das werk tun, weil es ein werk im bewußtsein ist, das werk der verknüpfung des Übergeistes mit dem stofflichen dasein. Er braucht nicht erkannt zu werden, er braucht keine äußere macht zu haben, um diese bewußte verbindung herzustellen. Ist das aber einmal getan, so muß es seine wirkung in der äußeren welt haben in gestalt einer neuen schöpfung, angefangen mit einer musterstadt und gekrönt von einer vollkommenen welt.

Als ich Sri Aurobindo zum erstenmal traf, war ich in tiefer sammlung; ich sah die dinge im Übergeist, dinge, die sein würden, aber sich irgendwie nicht offenbarten. Ich beschrieb Sri Aurobindo, was ich gesehen hatte und fragte ihn, ob es sich offenbaren würde. Er sagte einfach: „Ja". Und sogleich sah ich, daß der Übergeist die erde berührt hatte und anfing, verwirklicht zu werden! Dies war das erste mal, daß ich zeuge der macht war, wirklichzumachen, was wahr ist.

1931

SRI AUROBINDO: AUS „SAWITRI"

Die freude weitrer Natur war einst ihr eigen,
behielt jedoch nicht lange ihr himmelsgold
noch faßte auf brüchig irdischem boden fuß.
In der niederung der Zeit eine enge regung,
verschmähte des lebens spröde kleinheit die kraft,
die stolze bewußte weite und seligkeit,
die sie mitgeführt in ihre menschengestalt,
die stille wonne, die eines allem vermählt,
den schlüssel zu der ekstase flammenden toren.
Die erde, die braucht den saft von vergnügen und tränen,
schlug das geschenk der ewgen verzückung aus
und bot der tochter der unendlichkeit dar
die passionsblume ihrer liebe und leidenslast.
Das glänzende opfer schien nun umsonst gewesen.
Verschwenderin ihrer reichen göttlichkeit,
hatte sie was sie war den menschen geliehn,
hoffend ihr größeres wesen einzupflanzen,
daß himmel heimisch gedeih auf sterblichem grund.
Schwer ist der erdnatur verwandlung zu wirken;
kaum hält sterbliches aus des ewgen berührung;
es fürchtet die göttlich reine unduldsamkeit
in jenem angriff von äther und von feuer;
es zürnt seiner unbeschwerten beseligung,
stößt ab mit haß beinah das gebrachte licht;
es zittert vor der nackten kraft seiner Wahrheit,

der macht und süße der unbedingten Stimme.
Den höhen auferlegend des schlunds gesetz
besudelts des himmels boten mit seinem schmutz:
es wendet die dornen seiner gefallnen natur
als abwehr gegen die retterhände der Gnade;
die söhne Gottes trifft es mit tod und pein. [3]

Mit leid zu leben, tod auf dem weg zu treffen —
des sterblichen los ward des Unsterblichen teil.
Verstrickt so in des irdischen schicksalsschlingen,
harrte sie ihrer feuerprobe entgegen,
verbannt aus eingeborner glückseligkeit,
das dunkle gewand annehmend hiesigen lebens,
verborgen sogar vor denen, welche sie liebte,
die gottheit, größer durch ein menschlich geschick. [4]

Doch nur ihr äußeres selbst erlitt und focht;
halb göttlich war sogar ihr menschentum:
dem Spirt in allem öffnete sich ihr spirt
und als die ihre empfand sie alle Natur.
Inwending lebend, hielt sie alle leben,
abseits, trug sie in sich die ganze welt:
ihre not war eins mit der großen kosmischen not;
auf kosmischen mächten gründete ihre kraft;
der allumfangenden Mutter liebe war ihre.

Gegen das arg an lebens geplagten wurzeln,
ihr eignes unheil dessen besondres zeichen,
schliff sie die qual zu scharfem mystischen schwert.
Sie stieg, ein weltweites herz und einsamer geist,
zu des *einen* Unsterblichen alleinigem werk. [5]

Eine kraft in ihr, seid der erde schöpfung sich mühend,
den großen weltenplan im leben erfüllend,
verfolgend nach dem tod unsterbliche ziele,
weigerte sich, der vereitlung rolle zu dulden,
den sinn zu verwirken ihrer geburt in Zeit,
Sich irgendwelcher tatsache druck zu beugen,
flüchtigem Zufall auszuliefern ihr los. [6]

Gefaßt wird jäh eine magische hebelkraft,
die den zeitlosen willen des Unsagbaren bewegt:
ein gebet, ein meisterstreich, eine königidee
kann menschenstärke verbinden jenseitger Kraft. [7]

Eine flammende kriegerin von den ewigen gipfeln,
ermächtigt, aufzuzwingen versagtes tor,
schlug von des Todes antlitz das unbedingte
und sprengte die schranken von bewußtsein und Zeit. [8]

Gigantisch brach Schiwas tanz die vergangenheit,
ein donner wie von stürzenden welten scholl;
feuer fiel ein auf erden und brüllender Tod,
ein all zu erschlagen das sein hunger gemacht;
sturmgetöse fuhr aus Vernichtungsschwingen:
mir hallte des Titanen schlachtruf im ohr,
gerücht und schreck drang ein in gewaffnete Nacht.
Ich sah des Allmächtigen flammende wegbereiter
über des himmels saum, der lebenwärts neigt,
die bernsteinstufen des werdens niederwallen;
als vorläufer mannigfaltig göttlicher menge
kamen sie auf den pfaden des morgensterns
in sterblichen daseins schmalen begrenzten raum.
Ich sah sie des äons frühe dämmrung durchqueren,
die sonnenäugigen kinder herrlichen tags,
die großen schöpfer mit weiten stirnen der ruh,
die wuchtigen bollwerkbrecher der harten welt
und ringer mit dem schicksal in willens schranken,
die arbeiter in den ursteinbrüchen der götter,
die abgesandten aus dem Unmitteilbaren,
die architekten der Unsterblichkeit.
Im gefallnen menschlichen reiche langten sie an,
gesichter, worauf der glanz des Unsterblichen lag,
stimmen, die noch verkehrten mit Gottes denken,
leiber, die schön gemacht von des Spirtes licht,
tragend das zauberwort, das mystische feuer,
tragend den dionysischen freudenkelch,
nahende augen eines göttlichern menschen,
lippen voll unbekannten gesangs der seele

und füße die widerhallen in fluren der Zeit.
Hohepriester der weisheit, süße, wonne und macht,
entdecker der sonnbeschienenen schönheitswege,
schwimmer durch lachend feurige Liebesfluten
und tänzer unter goldnen verzückungstoren,
wird ändern ihr schritt die leidende erde einst
und rechtfertgen dieses licht im Naturantlitz.
Obwohl im hohen jenseits säumt das geschick
und das werk umsonst scheint, woran wir herzkraft gewandt,
wird alles vollbracht, wofür unser schmerz geboren.
Wie früher einmal der mensch gefolgt auf das tier
so wird der göttliche hohe nachfahre kommen
hinter des menschen fruchtlos sterblichem schritt,
verfehlter mühsal, tränen und schweiß und blut:
er wird tun, was sich nicht getraut des sterblichen herz
und wissen, was zu denken sein geist kaum wagt.
Erbe der anstrengung der menschlichen zeit,
wird er die bürde auf sich nehmen der götter,
das himmlische licht wird erdgedanken besuchen,
des himmels macht die irdischen herzen stärken,
erdtat wird übermenschliche höhn erreichen,
erdschau sich weiten ins unendliche aus. [9]

Wer sich selber retten will, lebt allein und still,
wer die rasse retten will, muß teilen den schmerz:
dies wird erkennen, wer jener größe folgt:

die hohen, die kamen diese leidwelt zu retten
und vom Gesetz und schatten der Zeit zu lösen,
müssen durch unterm joch von kummer und schmerz:
sie werden vom Rad erfaßt, das sie brechen wollten,
sie müssen schultern des menschen schicksalslast.[10]

Wer gefunden hat seine wesenseinheit mit Gott
bezahlt mit des leibes tod seiner seele licht.
Sein unsterblich wissen obsiegt durch seinen tod.[11]

An irdische sterblichkeit gebunden, erscheint
und stirbt der Unsterbliche auf den straßen der Zeit
und schafft durch den puls der ewigkeit Gottes nu.
Er stirbt, daß die welt sich neu gebäre und lebe.[12]

Licht muß er in die finsteren schlünde rufen,
nie kann sonst Wahrheit brechen des Stoffes schlaf
und die ganze erde Gott ins auge schaun.
Sein wissen muß alles düstre wieder erhellen,
entwirren alles verdrehte seine macht:
er muß reisen ans andre ufer des lügenmeers,
ins dunkel der welt eintreten und licht ihm bringen.
Entblößt werden muß dem blicke des übels herz,

erfaßt dessen kosmisch finstre notwendigkeit,
dessen recht und grause wurzeln im grund der Natur.
Er muß wissen, welch denken treibt die dämonentat
und rechtfertigt des Titanen irrenden stolz
und die falschheit die in krummen erdträumen lauert:
beschreiten muß er die ewigkeit der Nacht
und Gottes finsternis kennen wie seine Sonne.
Dazu muß er hinunter gehn in den pfuhl,
muß dringen in die schmerzenerfüllten Weiten.
Unvergänglich und unendlich und weise,
muß doch durch Hölle er, zu retten die welt.
Emportauchen wird er dann zum ewigen Licht
in grenzbezirken, wo alle welten sich treffen;
dort an dem saum der gipfelhöhn der Natur
ist jeden dings geheimes gesetz erfüllt,
sind die gegenteile von langem klaffen geheilt.
Die alten widerstreite versöhnen sich,
schmerz ist geworden heftig glühendes glück;
böses kehrt heim ins eigne ursprünglich gute
und kummer liegt an brüsten der Seligkeit;
sie hat frohe tränen der freude weinen gelernt;
voll sehnsuchtstrunkner ekstase ist ihr blick.
Dann wird zuende gehn des Schmerzes Gesetz.
Die Erde wird heimat werden von Himmels glanz,
ein erhabener seher wohnen im menschenherzen,
der überbewußte strahl die augen berühren,
herniederkommen die wahrheitsbewußte welt
und einströmen in Materie mit Spirtes licht,
das schweigend erweckt zu todlosen urgedanken

und aufweckt das stumme herz zum lebendigen Wort.
Dies leben wird behausen des Ewigen lust,
der körper selbst wird kosten unsterblichkeit.
Dann ist die arbeit des welterlösers vollbracht. [13]

Erstiegen aus dem tragischen lärm des lebens,
erstiegen aus des leibes marter und tod,
erhebt sich der spirt durch niederlage gestärkt;
die gottgleichen schwingen wachsen mit jedem fall.
Sein glänzendes scheitern rechnet sich auf zum sieg.
O mensch, was dir begegnet auf deinem weg,
triffts körper und seele auch mit freude und leid,
ist nicht dein schicksal: es streift dich, geht vorüber;
auch tod kann nicht unterbrechen des spirtes gang:
dein spirt, der weg den du wählst, sind dein geschick. [14]

Aus schmerz und gefahr wird himmelsseligkeit kommen,
der Zeit ereignis, Gottes geheimer plan.
Diese welt ward nicht aus zufallsklötzen erstellt,
kein blinder gott ist baumeister des geschicks;
den lebensplan hat entworfen bewußte kraft
bedeutung liegt in jedem bogen und strich.
Es ist eine baukunst, großartig und erhaben,
mit vielen steinmetzen, namhaft und namenlos,
wo hände blindlings dem Ungesehnen gehorchen, —

und einer ihrer meisterbildner ist sie.[15]

Laß sie und das los der welt in Gottes hut.
Überläßt er sie scheinbar ihrer alleinen stärke,
wankt alles und fällt zusammen und sieht sein ende,
versagt das herz und gibt es nur tod und nacht,
kann göttlich doch ihre kraft verhängnis bekämpfen
sogar am rand wo nah scheint nichts als der Tod...[16]

Und sollte feindliche kraft an ihr reich sich klammern
und fordern bleibenden fortbestand ihres rechts
und der mensch verschmähn sein hohes spirtliches los
wird doch die geheime Wahrheit in dingen siegen.
Denn auf dem marsch der allerfüllenden Zeit
muß kommen des überseienden Willens stunde:
alles irrt zu seinem bestimmten ziel
im unausweichlich festen lauf der Natur,
beschlossen seit der welten anbeginn
in geschaffener dinge tiefstem wesensgrund:
als hehre krönung von allem kommt sogar
das ende von Tod, der tod von Unwissenheit.
Erst aber muß Wahrheit fuß auf der erde fassen,
der mensch aufstreben zu des Ewigen licht
und sein ganzer körper fühlen des Spirts berührung,
sein ganzes leben gehorchen innerer Kraft.

Auch das wird sein, denn ein neues leben wird kommen,
ein leib der hohen wahrheit des Überbewußten,
heimisches feld der mächte der Übernatur:
es wird zu der Wahrheit siedlung den erdenboden
und Unwissen gar zu durchsichtgem kleide machen,
durch das der Wahrheit glänzende glieder scheinen,
und Wahrheit wird sonne sein der Natur zu häupten
und Wahrheit führer werden des gangs der Natur
und Wahrheit blicken aus deren niederungen.
Gebiert sich der übermensch als herr der Natur,
wird seine gegenwart die Stoffwelt verklären:
er wird in der Nacht der Wahrheit feuer entfachen,
der erde geben der Wahrheit größres gesetz;
der mensch wird sich zuwenden dann des Spirtes ruf.
Erwacht zu seiner verborgenen möglichkeit,
erwacht zu allem, was schlief in seinem herzen
und dem, was Natur gemeint, als erde sich formt'
und der Spirt zur heimat sich nahm des Unwissens welt,
wird aufstreben er zu Wahrheit, Wonne und Gott.
Ausleger eines göttlicheren gesetzes
und werkzeug eines allerobersten plans,
wird höhere art sich neigen, menschen zu heben.
Der mensch wird erklimmen wollen die eignen höhn.
Die wahrheit oben wird untere wahrheit wecken,
selbst stumme erde fühlende stärke werden.
Des spirtes gipfel und der grund der Natur
sich nähern dem geheimnis getrennter wahrheit
und kennen als *eine* gottheit einander dann.
Der Spirt wird ausschauen durch der Materie blick,

Materie enthüllen des Spirtes angesicht.
Dann werden mensch und übermensch einig sein
und die ganze erde ein einziges leben werden.
Sogar die vielen werden die Stimme hören
und mit dem Spirt zu verkehrn nach innen sich wenden
und spirtlich hohem gesetz zu folgen sich mühn:
diese erde wird sich aus hehren antrieben rühren,
Natur die verborgne gottheit wiedererkennen,
die menschheit erwachen zu ihrem eigensten selbst.[17]

So wird sich die erde öffnen der göttlichkeit,
gewöhnliche wesen weite erhebung spüren,
erhellen mit Spirtes strahl gewöhnliches tun
und höchstem begegnen in gewöhnlichen dingen.
Natur wird offenbaren geheimen Gott,
der Spirt sich zu eigen machen das menschliche spiel,
dies irdische leben werden das göttliche leben.[18]

ANHANG

EIN GESPRÄCH MIT DER MUTTER ÜBER ZWEI DEUTSCHE WÖRTER

26. juni 1965

S: Ich möchte Dir ein kleines problem unterbreiten. Ich wäre froh, wenn Du mir einen hinweis geben oder Sri Aurobindo fragen würdest. Es geht um die übersetzung gewisser wörter ins deutsche: das wort *Mind* und das wort *Spirit*.

Mutter: Nun denn?

S: Die deutschen übersetzer können sich darüber nicht einigen.

Mutter: Ja, ich weiß.

S: Seit langem stehe ich mit C. in verbindung wegen der übersetzung dieses buches über Sri Aurobindo. Er hat viel darüber nachgedacht — ich auch — und schließlich hat P. einen vorschlag gemacht. Das wort, das im deutschen für Spirit verwendet wurde, Geist, wird in beliebiger weise gebraucht, vor allem natürlich, um Mind zu bezeichnen — auch im französischen ist ja seine anwendung sehr unbestimmt; deshalb schlägt P. vor, das wort Geist für Mind beizubehalten. Doch bleibt dann kein wort für Spirit. Es gibt im deutschen zwar ableitungen von Spirit: spirituell, spiritualisten usw. Folglich schlägt P. vor, der Spirit zu verwenden. Was sagst Du dazu?

Mutter: Doch es ist nicht gesagt, daß sie es annehmen werden.

S: Wenn das wort schon in dieser übersetzung eingeführt wird und dies buch eine genügend große leserschaft findet, kann es eine grundlage dafür werden, daß man es annimmt.

Mutter: Aber C. will den Spirit nicht?

S: Er ist ein wenig zurückhaltend. Er wendet ein, es sei ein lateinisches und kein deutsches wort.

Mutter: Und die deutschen verwenden also für Spirit und für Mind dasselbe wort?

S: Ja, Geist.

Mutter: Das geht nicht. *Geist geht überhaupt nicht — für Mind paßt es gut.*

S: Ja, das war auch mein gefühl: Für Mind paßt es gut, zumal man dann für Supermind sehr gut *Übergeist* sagen könnte.

Mutter: (Gibt sogleich und ohne zu zögern mit einer kopfbewegung ihre zustimmung.)

Was werden die menschen der zukunft sprechen!?

Alle diese sprachen sind armselig. Es gibt nichts besseres ... Es ist *ein notbehelf* *. Aber auch im französischen ist alles, was man sagt, nur eine annäherung. Man entwickelt seine eigene sprache und ist der einzige, der sie wirklich versteht ...

S: Wenn man ein neues wort aufgreift, muß es vor allem kraft haben.

Mutter: Wörter wie TAT, SAT, TSCHIT sind kraftvoll. ... Man kann nur *Spirit* vorschlagen.

* Die eindeutschung *Spirt* (sprich: Schpirt) scheint manchen mehr als ein „notbehelf", auch hat es größere kraft — doch gewöhnt man sich in jedem fall nur schwer an ein neues wort, laute es nun Spirit oder Spirt. (Anm. d. übers.)

EIN BRIEF DER MUTTER*

Weisungen gebe ich jenen, die sich *vollkommen und gänzlich* hingegeben haben, da diese weisungen nicht verhandelt oder mißachtet werden können.

Den anderen zeige ich das Licht und die Wahrheit und gebe ihnen rat, wenn sie darum fragen, und ihnen steht immer frei zu tun, was sie für sich am besten finden.

Meine Gnade, Liebe und Segnungen — sie sind immer über allen, doch ein jeder nutzt sie nach seiner fähigkeit, empfänglichkeit und hingebung.

1. juli 1956

(Aus: „Weiße Rosen")

* Dieser brief läßt uns erkennen, in welchem geist wir das vorstehende gespräch auffassen dürfen.

SEITENHINWEISE FÜR „SAWITRI"

Die zahlen gelten für die ausgabe des englischen urtextes von 1972, sowie für die damit seitengleiche deutsche übertragung, die vorbereitet wird. Dies epos, Sri Aurobindos hauptwerk, ist im blankvers gedichtet und übersetzt.

1:	S.	314	7:	S.	20	13:	S.	450
2:	S.	55	8:	S.	21	14:	S.	458
3:	S.	6	9:	S.	343	15:	S.	459
4:	S.	7	10:	S.	444	16:	S.	461
5:	S.	8	11:	S.	445	17:	S.	708
6:	S.	19	12:	S.	447	18:	S.	711